Selección de
SUSAN POLIS SCHUTZ

SUSURROS DE
Amor

Javier Vergara Editor
GRUPO ZETA

Barcelona / Bogotá / Buenos Aires
Caracas / Madrid / México D. F.
Montevideo / Quito / Santiago de Chile

Título original
WORDS OF LOVE

Edición original
Blue Mountain Press

Traducción
Delia Lavedan

Diseño de tapa
Raquel Cané

© 1999   Stephen Schutz and Susan Polis Schutz
© 1999   Blue Mountain Arts, Inc.
© 2000   Ediciones B Argentina S.A.
         Paseo Colón 221 - 6° - Buenos Aires - Argentina

ISBN 950-15-2163-X

Derechos reservados. Ninguna parte de este libro podrá ser reproducida en forma total o parcial, por ningún procedimiento, sin permiso por escrito de los editores.

Impreso en la Argentina / Printed in Argentine
Depositado de acuerdo a la Ley 11.723

Esta edición se terminó de imprimir en
PRINTING BOOKS - General Díaz 1344
Avellaneda - Prov. de Buenos Aires, Argentina,
en el mes de septiembre de 2000.

Que el amor es todo
   lo que existe
es todo lo que sabemos del amor.

                        Emily Dickinson

ÍNDICE

- 3 Emily Dickinson
- 6 Susan Polis Schutz
- 8 Johann Wolfgang von Goethe
- 8 Henry David Thoreau
- 9 Rainer María Rilke
- 10 Stephen T. Fader
- 12 Naomi Judd
- 12 Antoine de Saint-Exupèry
- 13 Mark V. Marino
- 14 Lisa M. Thomas
- 16 Tracia Gloudemans
- 16 Ralph Waldo Emerson
- 17 Carey Martin
- 18 Lao Tzu
- 19 Kwan Tao-Shing
- 19 Cho Wen-Chun
- 20 Donna Pawluk
- 21 Erica Denmark
- 22 Safo
- 23 William Shakespeare
- 24 Amaru
- 24 Ramayana
- 25 Susan Polis Schutz
- 25 Bhartrhari
- 25 Walt Whitman
- 26 Vincent van Gogh
- 27 Elizabeth Barrett Browning
- 28 Anne Bradstreet
- 29 Rebecca J. Barrett
- 29 John Keats
- 29 Elizabeth Barrett Browning
- 30 Robert Bridges
- 31 Christina Rossetti
- 32 Henry Alford
- 32 Ludwig van Beethoven
- 33 Franklin D. Roosevelt
- 33 Víctor Hugo
- 34 Donna Fargo
- 35 Susan Polis Schutz
- 35 Emma Goldman
- 36 Emmet Fox
- 36 Eurípides
- 37 Theophile Gautier
- 38 1 Corintios 13:4-8
- 38 1 Juan 3:18
- 39 Jennifer Brooks
- 40 Teresa M. Reiches
- 42 Buda
- 42 Henry van Dyke
- 43 Elizabeth Barrett Browning
- 43 Emily Dickinson
- 43 Platón
- 44 Ashley Montagu
- 44 J. Russell Morrison
- 45 Guy de Maupassant
- 45 George Eliot
- 46 Roy Croft
- 48 Johann Wolfgang von Goethe
- 49 Heinrich Heine
- 49 Antiguo poema sánscrito
- 50 Henry Ward Beecher
- 51 Marco Morrow
- 51 Eurípides
- 52 Robert Browning
- 53 Linda Bray
- 54 Jenn Davids
- 55 Susan Polis Schutz
- 55 Adrian Anderson
- 56 Helen Keller
- 56 León Tolstoi
- 57 Nancye Sims
- 58 Beverly Bruce
- 60 Deepak Chopra
- 60 C. T. Davis
- 61 Michele Weber
- 63 Susan Polis Schutz

- 64 Agradecimientos

El amor es...

El amor es
>alegrarse por la otra persona cuando siente alegría,
>entristecerse cuando está triste,
>estar juntos en los buenos momentos
>y también en los malos.

El amor es la fuente de toda la fortaleza.

El amor es
>ser siempre sincero con uno mismo
>ser siempre sincero con el otro
>hablar y escuchar respetando la verdad
>y no fingir jamás

El amor es la fuente de la realidad

El amor es
>una comprensión tan completa
>que uno siente que es parte del otro
>y lo acepta tal cual es
>y no intenta cambiarlo

El amor es la fuente de toda la unidad.

El amor es
>la libertad de perseguir los propios deseos
>y compartir las experiencias con el otro
>el crecimiento individual codo a codo
>con el crecimiento de la persona amada.

El amor es la fuente del éxito

El amor es
    el entusiasmo de proyectar cosas juntos
    el entusiasmo de hacer cosas juntos
El amor es la fuente del futuro

El amor es
    la furia de la tormenta,
    la calma que llega con el arco iris.
El amor es fuente de la pasión.

El amor es
    el gesto cotidiano de dar y recibir
    ser paciente con las necesidades y deseos del otro.
El amor es la fuente de la colaboración.

El amor es
    saber que el otro
    siempre estará a nuestro lado, pase lo que pase,
    extrañarlo cuando no está allí
    pero tenerlo siempre en el corazón.
El amor es la fuente de la seguridad.

El amor es
    la fuente de la vida.

            Susan Polis Schutz

El verdadero amor es
cuando pensamos que sólo nosotros
podemos amar,
que nadie pudo jamás
haber amado antes que nosotros
y que nadie
jamás amará
de la misma manera
después de nosotros.

JOHANN WOLFGANG VON GOETHE

Te amo
no como algo íntimo
y personal que me pertenece,
sino como algo universal
y digno de ser amado
que he encontrado.

HENRY DAVID THOREAU

El amor consiste en
dos soledades que se protegen,
se tocan y se celebran
una a la otra.

Existe un milagro que les ocurre todo el tiempo
a aquéllos que aman de verdad: cuanto más dan,
más tienen de ese exquisito y sustancioso amor
del cual las flores y los niños toman toda su fuerza.

RAINER MARÍA RILKE

Cuando un hombre y una mujer están enamorados...

La vida de él está en manos de ella,
 y la de ella, en las de él.
Cada uno vive como individuo
 y, no obstante, vive para el otro;
cada uno lucha por sus propios objetivos,
 pero también ambos trabajan codo a codo
  para hacer realidad sus sueños.
Cuando un hombre y una mujer están enamorados,
 se darán uno al otro
  lo que necesitan para sobrevivir
 y contribuirán a satisfacer sus mutuos deseos.
Convertirán sus decepciones
 en satisfacción.
Convertirán sus frustraciones
 en contento.
Cada uno será para el otro un espejo
 que reflejará sus mutuas fortalezas
  y debilidades.
Trabajarán juntos
 para sortear los muros afectivos
  que puedan separarlos.
Trabajarán juntos para construir
 un mejor entendimiento entre ambos.
Cada uno aprenderá a apoyarse en el otro,
 pero no tanto como para transformarse
  en una dura carga.

Cada uno aprenderá a acercarse al otro,
  pero no tanto como para sofocarlo.
Aprenderán a percibir cuál es el momento de hablar
  y cuál el de escuchar.
Estarán junto al ser amado para darle consuelo
  en los momentos de dolor.
Estarán juntos para celebrar
  los momentos de felicidad.
Serán buenos amigos
  y se guiarán mutuamente hacia la felicidad
    que puede ofrecer la vida.
Serán compañeros
  y juntos enfrentarán los desafíos
    que presenta la vida.

Cuando un hombre y una mujer están enamorados
  la vida de él está en manos de ella,
    y la de ella, en las de él.
Juntos, se seguirán amando
  hasta el fin de sus días
    para siempre.

Stephen T. Fader

Nada vence al amor. El amor es el poder sanador más grande que existe. No hay nada que lo iguale: ni los remedios más antiguos, ni las más modernas medicinas y tecnologías, ni todos los libros interesantes que podamos leer, ni todos los sabios pensamientos que podamos expresar. El amor tiene poder de transformación.

Naomi Judd

El amor no consiste
en mirarse a los ojos,
sino en mirar juntos
en la misma dirección.

Antoine de Saint-Exupèry

El amor es total
   cuando se da sin condiciones.

Cuando caminas de la mano
   con la persona de tus sueños
Cuando hablas con ella en las trémulas horas
   de la mañana
y compartes tus más íntimos pensamientos
   y sueños.
Cuando besas sus labios
   delicadamente, como si fueran pétalos
      de la más colorida de las rosas
Cuando la más negra de las noches
   se convierte en la mañana más luminosa
      si te encuentras en sus brazos.

Cuando el cosquilleo de un susurro en el oído
   es cálido como el soplo del fuego
Cuando hay colores sin límites y pasión
   en los ojos de ambos
Cuando al abrazaros dulcemente
   llegáis hasta lo más hondo de vuestra alma.

MARK V. MARINO

Así es como te amo...

Tanto como para hacer cualquier
  cosa por ti: ofrendar mi vida, mi amor,
  mi corazón y mi alma a ti y por ti.
Tanto como para darte gozosamente
  mi tiempo, mis esfuerzos, mis pensamientos,
  mi capacidad, mi confianza y mis plegarias.
Tanto como para desear protegerte,
  cuidarte, guiarte, sostenerte,
  darte ánimo, escucharte y llorar contigo y por ti.
Tanto como para estar completamente
  a gusto a tu lado, no tener miedo al ridículo,
  no tener que ocultarte nada
  y ser yo misma junto a ti.
Tanto como para compartir contigo todos
  los sentimientos, sueños, objetivos, miedos,
  esperanzas y preocupaciones: mi vida entera.
Tanto como para desearte lo mejor,
  esperar tu éxito
  y ansiar que logres concretar
  todos las cosas
  por las que te esfuerzas.

Tanto como para mantener las promesas que te hice
   y ofrendarte mi fe en ti,
   mi lealtad inclaudicable.
Tanto como para valorar tu amistad,
   adorar tu personalidad, respetar tus valores
   morales y aceptarte tal como eres.
Tanto como para pelear por ti, comprometerme
   contigo y sacrificarme por ti
   si es necesario.
Tanto como para añorarte con locura
   si estamos separados, sin que importe
   cuánto tiempo haya pasado ni la distancia
   que haya entre los dos.
Tanto como para creer en nuestra relación,
   ser fiel en épocas difíciles, tener fe
   en nuestra fuerza como pareja
   y no renunciar nunca.
Tanto como para pasar el resto de mi vida contigo,
   estar junto a ti cuando me necesites, y jamás,
   jamás querer dejarte o vivir sin ti.

Así te amo.

LISA M. THOMAS

En nuestra vida tan atareada, a menudo olvidamos
que a lo largo del camino hay algo más que cuentas
que pagar, llamadas telefónicas que responder,
y recados que cumplir. En nuestra vida existen
personas que necesitan ser abrazadas, que necesitan
ser amadas. En nuestra vida hay personas
que necesitan que sus logros sean tomados
en cuenta y celebrados. Es menester que no
olvidemos cuán frágiles pueden ser los corazones,
cuán rápidamente puede agotarse el alma,
con qué facilidad puede quebrarse el espíritu…

Un corazón es como un jardín que necesita
ser atendido y sustentado con aquello
que sólo puede darle otro corazón: amor
y reconocimiento, devoción y sinceridad.

TRACIA GLOUDEMANS

Toda alma es una Venus celestial para otra alma.
El amor es la suprema palabra y es sinónimo de Dios.

RALPH WALDO EMERSON

A MI ALMA GEMELA

De alguna manera, después de todas las vueltas que puede haber dado nuestra vida y después de todas las posibilidades que pudimos dejar pasar, parecería que se nos ofrece un momento trascendente para encontrarnos, conocernos y sentar las bases de una unión singular.

Cuando estoy contigo, sé que me encuentro en presencia de alguien que hace mi vida más completa de lo que jamás soñé. Busqué en ti a alguien en quien confiar y tú te ofreciste abiertamente. Busqué en ti inspiración, respuestas y estímulo, y no sólo no me defraudaste jamás sino que me brindaste aliento y llevaste mis pensamientos hasta lugares donde mis problemas parecen muy lejanos y mis alegrías parecen haber llegado para siempre.

Espero que tú también te encuentres allí. Siento que eres mi alma gemela. Quiero que sepas que mi mundo está seguro en tus manos, que mis días futuros te necesitan, que muchas de mis sonrisas dependen de ti y que mi corazón desborda de gratitud por que estás aquí.

CAREY MARTIN

Por alguna de esas vueltas de la vida, un hombre
 puede dominar el mundo por un tiempo,
pero gracias al amor
 puede dominar el mundo para siempre.

Aquél que se defiende con amor
 estará seguro;
el Cielo lo salvará
 y lo protegerá con amor.

La bondad en las palabras
 genera confianza.
La bondad en las ideas
 genera profundidad.
La bondad en los sentimientos
 genera amor.

Lao Tzu

Toma dos porciones de arcilla.
Moldéalas como mejor puedas.
A una dale mi forma,
a la otra dale la tuya.
Después, rómpelas y rápidamente
vuelve a mezclarlas, moldéalas otra vez.
A una dale tu forma,
a la otra dale la mía.

Parte de mi arcilla es tuya,
parte de tu arcilla es mía.

Kwan Tao-Shing
(siglo xiii)

Nuestro amor era puro
 como la nieve de las montañas,
blanco como la luna
 entre las nubes.

Cho Wen-Chun

☙ PROMESAS DE AMOR ❧

Te prometo
mi amor,
ahora y siempre.
Te prometo
tanta felicidad
como pueda darte.
Te prometo
no dudar
ni desconfiar de ti,
sino madurar
y enriquecer tu vida
con satisfacciones.
Te prometo
no tratar nunca
de cambiarte,
sino aceptar
los cambios que hagas
dentro de ti;
aceptaré
tu amor por mí
sin temor
al mañana,
sabiendo que entonces
te amaré aún más
que hoy.

DONNA PAWLUK

"Te amo" es mi promesa más duradera

Amor es una palabra que tiene muchos significados.
De modo que cuando digo "te amo"
quiero que comprendas exactamente
 a qué me refiero.

No digo "te amo"
 esperando retribución
o sólo para hacerte sentir mejor.
Lo digo para que sepas
 que, más allá de lo que pueda pasar
  en tu vida,
habrá en ella al menos algo
 con lo que puedes contar:
  mi amor.

Allí estaré
para sostener tu mano en los tiempos difíciles,
para tranquilizarte en los momentos de inquietud
y para ofrecerte mi ayuda incluso
 cuando tu orgullo te impida
  pedírmela.

Mi amor es incondicional
 y siempre estará presente.
Cuando todo lo demás
 parezca haberse perdido
y no se atisbe esperanza en el horizonte,
recuerda una sola cosa:
"te amo"
y mi amor es genuino.

 Erica Denmark

De todas las creaciones
entre la tierra y el cielo,
la más preciosa es el amor.

Algunos dicen que lo más hermoso
en esta amarga tierra
es un regimiento de caballería;
otros, que un batallón de infantería que marcha,
y otros que una flota de veloces remos.
Pero para mí, lo más bello surge
cuando alguien está enamorado.

SAFO
(580 A.C.)

¿Podré compararte con un día de verano?

¿Podré compararte con un día de verano?
Tú eres más fresca y adorable;
los fuertes vientos hacen temblar
los tiernos capullos de mayo
y el contrato estival vence en breve plazo;
a veces con demasiado ardor brilla el ojo del cielo
y a menudo se nubla su dorada tez;
y toda gracia en ocasiones pierde gracia,
por el cambio o el despojado curso de la naturaleza.
Pero tu eterno verano no habrá de marchitarse
ni perderá poder la gracia que te rodea;
ni podrá la muerte jactarse de que bajo
su sombra vagues, cuando por las eternas
líneas del tiempo avances; mientras
un hombre respire o un ojo vea,
vivirán mis palabras, que a ti te dan la vida.

WILLIAM SHAKESPEARE

CUANDO MI AMOR NO ESTÁ…

¿Es el día mejor que la noche?
¿O la noche mejor que el día?
¿Cómo puedo saberlo?
Pero sé que esto es verdad:
ninguno de los dos vale nada
cuando mi amor no está.

AMARU

Vuela, viento, hasta donde está mi amado.
Acarícialo y regresa pronto para acariciarme
también a mí:
sentiré su dulce caricia a través de ti
y encontraré su belleza en la luna.

Estas cosas lo son todo para quien ama.
Una persona puede vivir sólo de ellas…
Que ella y yo respiramos el mismo aire,
y que la tierra que pisamos es sólo una.

RAMAYANA

Estando tú allá y yo aquí,
no he tenido con quién hablar
de las pequeñas cosas como, por ejemplo,
la sensación del rocío sobre la hierba,
o de las grandes cosas como, por ejemplo,
qué sucede en el mundo.

Me he sentido sola
hablando y pensando para mis adentros.
Ahora me doy cuenta de lo esencial que es
tener a alguien
con quien compartirlo.

Susan Polis Schutz

Aunque tenga una lámpara y un buen fuego,
las estrellas, la luna y el sol para darme luz,
a menos que la vea en tus ojos,
todo es noche oscura.

Bhartrhari

No dejo de pensar
en ti
cada minuto
del día.

Walt Whitman

La lámpara encendida

El amor es algo eterno; su aspecto puede cambiar, pero no su esencia. Existe la misma diferencia en una misma persona, antes y después de enamorarse, que la que existe entre una lámpara apagada y una encendida. La lámpara estaba allí y era una buena lámpara, pero ahora también derrama su luz y ésa es su verdadera función.

La mejor manera de conocer la vida
es amar muchas cosas.

VINCENT VAN GOGH

¿Cómo te amo? Déjame contar las maneras.
Te amo hasta la profundidad,
la extensión y la altura
que puede alcanzar mi alma cuando siente
que pierde de vista
los límites del Ser y de la Gracia ideal.
Te amo hasta el nivel de la más modesta
de las necesidades cotidianas, a la luz
del sol y de la vela.
Te amo libremente, como los hombres
que luchan por la justicia;
te amo puramente, como los que elevan su plegaria.
Te amo con la pasión puesta
en mis antiguas desdichas y con la fe de mi niñez.
Te amo con un amor que parecía perdido
con mis santos perdidos; te amo con el aliento,
las sonrisas y las lágrimas de toda mi vida
y, si Dios así lo dispone,
no haré sino amarte más después de la muerte.

ELIZABETH BARRETT BROWNING

A MI QUERIDO Y ADORADO ESPOSO

Si alguna vez dos fueran uno, entonces
seguramente lo seríamos.
Si alguna vez un hombre fue amado por su esposa,
ése eres tú.
Si alguna vez hubo una esposa feliz junto
a su hombre,
comparaos conmigo, mujeres, si podéis.
Valoro tu amor más que todas las minas de oro
y todas las riquezas del Oriente.
Mi amor es tal que no hay río que pueda ahogarlo
ni amor que pueda compensarlo, salvo el tuyo.
Tu amor es tal que no tengo manera de retribuirlo
y elevo mi plegaria para que el Cielo te lo devuelva
multiplicado.
Entonces, mientras vivamos, en el amor
perseveremos de tal modo
que cuando ya no vivamos, podamos vivir
para toda la eternidad.

ANNE BRADSTREET

Eres la persona
 en la que siempre estoy pensando.
Eres para mí
 la persona más importante
  del mundo.

Eres el que amo

REBECCA J. BARRETT

Más y más te amo porque creo
que me has querido
sólo por mí y por nada más.

JOHN KEATS

Tú...
 eres algo que está para mí
 entre el sueño y el milagro.

ELIZABETH BARRETT BROWNING

Mi deleite y tu deleite

Mi deleite y tu deleite
caminan, como dos blancos ángeles,
por los jardines de la noche.

Mi deseo y tu deseo
unidos en una lengua de fuego
que, viva, salta y ríe más alto.

A través del conflicto interminable
en el misterio de la vida.

El amor, desde el que el mundo se inició,
posee el secreto del sol.
El amor, y sólo el amor, puede decir
desde dónde fueron derramadas las estrellas,
por qué cada átomo sabe su cometido,
cómo, a pesar de la muerte y del infortunio,
alegre es la vida, y dulce el aliento.

Lo que él nos enseñó es lo que sabemos,
felices en la verdad de su ciencia,
tu mano en mi mano, mientras estamos
bajo las sombras del bosque,
tu corazón en mi corazón, mientras yacemos
en la alborada del día.

Robert Bridges

El amor ha venido hasta mí

Mi corazón es un pájaro que canta
cuyo nido está sobre un tallo regado por la lluvia;
mi corazón es como un manzano
cuyas ramas se inclinan por la fruta madura;
Mi corazón es un velero del arco iris
que navega por el venturoso mar;
mi corazón es más dichoso que todo esto
porque el amor ha venido hasta mí.
Levantadme un mullido estrado de seda,
rodeadlo de bellas colgaduras color púrpura,
talladle palomas, granadas
y pavos reales con cien ojos;
labrad en él uvas de oro y plata,
hojas y una plateada flor de lis,
porque el día del comienzo de mi vida ha llegado
el amor ha venido hasta mí.

Christina Rossetti

TÚ Y YO

Mi mano se siente sola sin tu mano, querida mía;
   mi oído está cansado de esperar tu llamado.
Deseo que tu fuerza me ayude,
   que tu risa me alegre;
corazón, alma y sentidos te necesitan,
   todos y cada uno.
Me desanimo sin tu abierta y genuina simpatía;
   tenemos que estar juntos tú y yo;
Nos queremos el uno al otro para comprender
   sueños, esperanzas, proyectos.
Compañera, apoyo, guía y amiga…
   Así como el amor pide amor,
el pensamiento pide pensamiento.
   Es tan breve la vida
y tan veloces pasan las horas solitarias
   que tenemos que estar juntos, tú y yo.

HENRY ALFORD

Dondequiera que yo esté,
   allí también estarás
      tú.

LUDWIG VAN BEETHOVEN

Sabes bien
que nada podrá
cambiar lo que
siempre hemos sido
y siempre seremos
el uno para el otro.

FRANKLIN D. ROOSEVELT

Contémosnos siempre
nuestros pesares más triviales,
nuestras más sencillas alegrías.
Estas confidencias,
esta exquisita intimidad,
son el derecho
y el deber del amor.

VÍCTOR HUGO

EL AMOR NO SIEMPRE ES FÁCIL, PERO NO HAY NADA MÁS GRANDE

Estar enamorado de alguien no significa que cada uno sea perfecto para el otro. A veces, ciertas características de la personalidad pueden causar conflictos en la relación. Siempre tendréis diferencias, pero el amor alienta a no desesperar. Estar enamorado no significa que no cometeréis errores o que no os lastimaréis el uno al otro. Tampoco significa que siempre habréis de pensar igual. En ocasiones, es al ser más amado a quien más se lastima, porque se lo da por seguro. Es quien puede ver todas vuestras facetas, y no sólo la compuesta y controlada que mostráis a los demás no tan cercanos.

A veces el orgullo puede nublar la visión e impediros realizar los juicios acertados, las decisiones responsables y el perdón. Pero el amor supera todas las barreras. Os devolverá la cordura y, si lo dejáis, os dará equilibrio y seguridad. No hay nada como la satisfacción de sentirse en los cielos de la gloria del amor. Vale la pena esperar. Vale el precio que tengas que pagar por él. Tal vez no siempre es fácil, pero no hay nada más grande que el amor.

— DONNA FARGO

Para que puedas tener
   una relación plena de éxito
es preciso que alejes de tu mente
toda lección aprendida
   en anteriores relaciones afectivas,
porque si arrastras
   alguna susceptibilidad o algún temor
no actuarás con libertad
y no te dejarás
   conocer en plenitud.

Para poder tener
   una relación plena de éxito
es fundamental que las dos personas
sean completamente abiertas y sinceras

Susan Polis Schutz

Una sincera relación sentimental
sólo necesita de un ingrediente fundamental:
   darse sin límites
   para poder llegar a ser
      más rico, más profundo, mejor.

Emma Goldman

No hay dificultad tan grande que el amor
no pueda superar, ni enfermedad que el amor
no pueda curar, ni puerta que el amor
no pueda abrir, ni abismo que el amor
no pueda sortear, ni muro que el amor
no pueda derribar, ni pecado que el amor
no pueda redimir…

No importa lo profundo del problema,
qué desesperanzada sea la situación,
qué confuso sea el conflicto,
qué terrible el error.
Una dosis suficiente de amor
logrará arreglarlo todo,
Si sólo pudieras amar lo suficiente,
serías el ser humano más feliz
y poderoso del mundo.

EMMET FOX

El amor es todo cuanto tenemos, la única manera
de que cada uno pueda ayudar al otro.

EURÍPIDES

Renunciar a la propia individualidad,
    ver a través de los ojos del otro,
    oír a través de los oídos del otro.
Ser dos y seguir siendo uno,
    tan unidos
      que ya no se sabe
      si se es uno o el otro.
Sin cesar absorber y
    sin cesar irradiar,
reduciendo tierra, mar y cielo
    y cuanto en ellos haya
    a una sola entidad tan completa
    que contenga todo lo que existe.
Estar preparado en todo momento
    para el sacrificio.
Desdoblar la personalidad
    para ofrendarla:
      eso es amor.

THEOPHILE GAUTIER

El amor sufre mucho y es generoso;
el amor no envidia;
el amor no hace alarde,
no es engreído,
no se conduce con rudeza,
no busca su beneficio, no piensa mal,
no se regodea con la iniquidad
sino que se regodea con la verdad;
lo soporta todo, lo cree todo,
espera de todo lo mejor, y todo lo soporta.

El amor no fracasa jamás.

     1 Corintios 13:4-8

No proclamemos amor con la palabra
o con la lengua, sino con hechos y verdades.

       1 Juan 3:18

Cuando amas a alguien...

Cuando amas a alguien
no puedes dar mucho más
　que a ti mismo.
Puedes reconocer
　cuando te equivocas.
Jamás vacilas en decir
　"lo siento".
Siempre estás dispuesto a escuchar
y extender una mano solidaria.

Cuando amas a alguien
haces sacrificios,
　no importa lo grandes que sean.
Sabes que en esa persona
puedes encontrar todos tus sueños.
Comienzas a creer
　no sólo en ti mismo
sino también en el otro.

Cuando amas a alguien,
no das nada por sentado.
Recuerdas cada sonrisa, cada beso,
y cada "te amo".

Esa persona te hace
más feliz que nunca:
no sólo es tu amor
sino también tu mejor amigo.

　　　　　　　　　Jennifer Brooks

Amar a alguien es el don más preciado de la vida

Amar a alguien
 es experimentar todas las demás emociones ajenas
 al amor y, sin embargo, poder volver al amor.

Amar a alguien
 es sentir pena o dolor, y ser capaz de superarlo
 y olvidarlo.

Amar a alguien
 es darse cuenta de que el otro no es perfecto.
 Es ser capaz de ver sus partes malas,
 pero poner el acento en las que amas y aceptarlas
 con alegría por ser de quien son.

Amar a alguien
 es establecer una sólida base para los sentimientos,
 pero dejando espacio para alguna fluctuación,
 porque sentir exactamente lo mismo todo el tiempo
 es no dejar lugar a la maduración,
 la experiencia y el aprendizaje.

Amar a alguien
    es tener la fortaleza de aceptar nuevas ideas
    y nuevos hechos. Es saber que una persona
    no va a permanecer siempre igual y que
    esos cambios se producirán gradualmente.

Amar a alguien
    es darse hasta que duela el corazón. Los dones
    más valiosos que pueden compartir dos personas
    son la confianza y la comprensión, que vienen
    con el amor. Amar es dar el ciento diez por ciento
    de uno mismo y sólo esperar como retribución
    algo tan simple como una sonrisa.

Amar a alguien
    es ser capaz de escuchar no sólo con los oídos
    sino también con el corazón. Es desarrollar la percepción
    para ver dentro de los propios sentimientos y también
    en los del otro, y comprender bien esa relación.

Amar a alguien
    es darse totalmente y decir: "Aquí estoy y todo mi ser
    te ama con locura". Es no tratar de cambiar para obtener
    aprobación, sino mejorar para que las propias virtudes
    atraigan la atención del otro y opaquen los defectos.

TERESA M. REICHES

Todo lo que somos
es el resultado de lo que pensamos.

¿Cómo puede el hombre no llenarse de odio
si su mente no deja de repetir: "me maltrató,
me golpeó, me decepcionó, me robó…?".

El odio jamás puede poner fin al odio;
el odio es conquistado sólo con el amor.

BUDA

El tiempo es…

Demasiado lerdo para los que esperan,
demasiado veloz para los que temen,
demasiado prolongado para los que sufren,
demasiado breve para los que lo disfrutan;

Pero para los que aman,
el tiempo es una eternidad.

HENRY VAN DYKE

El que vive una vida verdadera,
conocerá el amor verdadero.

ELIZABETH BARRETT BROWNING

Que el amor es todo
lo que existe
es todo lo que sabemos del amor.

EMILY DICKINSON

El amor es el júbilo del bueno, el asombro
del sabio, la admiración de los dioses.

PLATÓN

Amar
significa decirle al otro
   que es lo único que te importa,
que nunca habrás de fallarle
o decepcionarlo
cuando te necesite,
sino que siempre estarás allí
a su lado.

              ASHLEY MONTAGU

Nada hay en el mundo
   más maravilloso
que el sentimiento que surge
   por compartir,
y no hay mayor felicidad
   que la calidez
que surge del amar.

              J. RUSSELL MORRISON

Ojalá pudiera hacerte comprender
cómo te amo.
No dejo de buscar la manera,
   pero no logro encontrarla…

Amo en ti algo
que sólo yo he descubierto:
   el ser que está más allá de ese ser
   admirado y conocido por los demás;
un ser que es únicamente para mí;
que jamás podrá cambiar
y a quien jamás podré
   dejar de amar.

                        GUY DE MAUPASSANT

No sólo quiero que me amen
sino que me digan que me aman.

                        GEORGE ELIOT

Te amo

Te amo
no sólo por lo que eres
sino por lo que soy yo
cuando estoy contigo.

Te amo
no sólo por lo que
has hecho de ti
sino por lo que
estás haciendo de mí.

Te amo
por la parte de mí
que haces surgir;
te amo
por poner tu mano
dentro de mi corazón desolado
y pasar por alto
todas las tonterías y debilidades
que no puedes dejar de ver,
y por sacar a la luz
todas esas cosas hermosas
que nadie ha sabido encontrar
por no mirar con la necesaria profundidad.

Te amo porque
me ayudas a hacer
con los escombros de mi vida
un templo
en lugar de una taberna,
y con mis tareas cotidianas
una canción
en lugar de un reproche.

Te amo
porque has hecho
más de lo que cualquier credo
pudo haber hecho
para mi bien,
y más de lo que cualquier designio
pudo haber hecho
para mi felicidad.

Lo has logrado
sin tocarme,
sin una palabra,
sin una señal.

Lo has logrado
siendo como eres.
Tal vez eso sea,
después de todo,
lo que significa la amistad.

                ROY CROFT

El amor no domina,
cultiva.

El amor tiene el poder de dar
en un instante lo que el esfuerzo apenas
puede conseguir en una era.

Me hace muy feliz que estés aquí
para ayudarme a advertir
lo bello que es mi mundo.

JOHANN WOLFGANG VON GOETHE

La naturaleza produce
los más prodigiosos resultados
con los medios más sencillos.
Éstos son
simplemente el sol,
las flores,
el agua
y el amor.

                HEINRICH HEINE

Si el mundo entero fuera mío y pudiera saquearlo,
me contentaría con una sola aldea
y en esa aldea, con una sola casa
y en esa casa, con un solo cuarto
y en ese cuarto, con un solo jergón,
porque allí, dormida, yace mi amada.

                ANTIGUO POEMA SÁNSCRITO

De toda la música de la tierra, la que llega
hasta los últimos confines del cielo
es el latido de un corazón que ama.

El amor es el río de la vida en este mundo. Tú,
que permaneces al lado del arroyuelo cantarín,
la pequeña fuente primigenia, no creas que lo conoces.

No hasta que hayas atravesado los desfiladeros
rocosos, sin perder el rumbo de la corriente; no
hasta que hayas cruzado la pradera, y la corriente se
haya ensanchado y profundizado, y los rápidos se
agiten en su seno; no hasta que más allá de la
pradera hayas llegado al insondable océano para
verter en sus profundidades tus tesoros. No hasta
que sepas qué es el amor.

Henry Ward Beecher

Es un glorioso privilegio vivir,
conocer, actuar, oír, ver, amar.
Contemplar el azul cielo estival, ver el sol
que se hunde lentamente detrás del horizonte,
contemplar la aparición de otros mundos, titilantes,
al principio uno por uno, y después en miríadas
que hombre alguno puede contar, hasta que, ¡oh!
el universo se vuelve blanco con todos ellos
y tú y yo estamos aquí.

MARCO MORROW

Es bueno ser
rico y poderoso,
pero es mucho mejor
ser amado.

EURÍPIDES

Afuera quedan las tormentas y los extraños;
¡juntos, cerca, seguros, abrigados dormimos
nosotros, ella y yo,
ella y yo!

El azar no puede cambiar mi amor,
ni el tiempo empañarlo.

¿Qué valor tiene el mundo
con todo su arte, sus versos, su música,
comparado con el amor, hallado, ganado
y conservado?
Robert Browning

Sé mi amigo, mi socio, mi amor...

Sé mi amigo ante todo.
Comparte conmigo risas y sonrisas.
Quiero intercambiar contigo ideas, pensamientos
 y opiniones.
Quiero poder confiar en ti
 y que tú confíes en mí.

Sé mi socio,
para que pueda compartir contigo mi vida,
 mi amor, mi crecimiento espiritual.
Quiero construir mis esperanzas
 y mis sueños contigo.
Quiero comenzar cada día a tu lado
 y terminarlo de la misma forma.

Sé mi amor,
para que pueda abrazarte,
 acariciarte,
darte mi corazón,
 y compartir mi alma.
Sé mi amigo, mi socio,
 mi amor.

LINDA BRAY

Por siempre
te amaré

Te amaré toda la vida, pase
lo que pase. El sentimiento que nos une
seguirá siendo fuerte y auténtico, porque sabe
que nuestro porvenir está lleno de promesas.

Sinceramente pienso que tú y yo tenemos
la oportunidad de ser tan felices
como pueden serlo dos personas.
Es por eso que, si tuviera que pedir
un solo deseo, pediría éste…

Por favor
no dejes de amarme

Porque pase lo que pase
si mantenemos vivo nuestro amor

   siempre podremos
      solucionar todo lo demás.

— JENN DAVIDS

Cuando existe alguien a quien le importas
es más fácil hablar
es más fácil escuchar
es más fácil jugar
es más fácil trabajar

Cuando existe alguien a quien le importas
es más fácil reír.

SUSAN POLIS SCHUTZ

Lo más importante
en la búsqueda de la felicidad
es elegir
el compañero de viaje adecuado.

ADRIAN ANDERSON

Alguna vez conocí profundidades en las que no
cabía la esperanza y las penumbras oscurecían
la superficie de todas las cosas. Entonces llegó
el amor y liberó mi alma. Alguna vez me había
lamentado y me había golpeado contra el muro
que me encerraba. Mi vida no tenía pasado ni futuro,
y la muerte era la culminación fervorosamente
deseada. Pero una mínima palabra expresada por
los dedos de otro cayó en mis manos acostumbradas
a aferrar el vacío, y mi corazón saltó de alegría
por la maravilla de vivir. No conozco el significado
de las tinieblas, pero sí he aprendido a derrotarlas.

HELEN KELLER

Todo, todas las cosas que comprendo
las comprendo sólo porque amo.

LEÓN TOLSTOI

Cuando sople el helado viento
quiero ser tu calor
y cuando te rodee la oscuridad
quiero ser la luz
que ilumine tu camino.
Cuando abrigues sueños
que queden fuera de tu alcance
quiero ponerlos en la palma de tu mano,
 y cuando necesites que alguien te comprenda
quiero ser yo ese alguien.
Cuando el mundo te parezca un lugar solitario
y así de solo te sientas
quiero ser quien
aleje de ti la soledad.
Cuando te invada la desilusión
y las lágrimas acudan a tus ojos
puedes contar conmigo
para que las enjugue con mi amor.
Cuando la vida se muestre bondadosa
y tu corazón cante de felicidad
quiero ser quien
aumente esa felicidad.
Y cuando ya no busques
esa especial clase de amor
espero que sea
porque me has encontrado.

NANCYE SIMS

El amor

Amor... una simple palabra para una compleja emoción. No hay para él explicación sencilla, porque está compuesto por muchas cosas. No se puede medir, porque se trata de un sentimiento.

Todo el dinero del mundo no alcanza para comprar amor: debe ser ganado. No sobreviene por el mero deseo: debe llegar naturalmente.

El amor no es una emoción instantánea, sino algo que crece lentamente entre dos personas y madura con el tiempo. Una vez que el amor ha alcanzado la madurez, no existe vínculo más sólido entre dos personas.

Amar a alguien significa sentirse cómodo y a gusto con esa persona, y compartir confidencias con la certeza de que serán comprendidas y quedarán en buenas manos. Implica respetar la dignidad del otro y no ser jamás exigente, sino estar siempre dispuesto a dar y a aceptar lo que se recibe, graciosamente y con amor.

Amar a alguien significa sentir una auténtica preocupación por la otra persona, ser capaz de percibir que algo anda mal sin necesidad de que nadie nos lo diga. Es comprender los problemas del otro, sus estados de ánimo, sus complejos, y aceptarlos aunque no se los comprenda cabalmente. Es disculpar sus defectos, porque uno sabe que sus virtudes los superan ampliamente.

Amar es estar siempre cerca del otro para ofrecerle un hombro donde llorar, para darle apoyo cuando declina la confianza, para darle consejos cuando nos lo piden, para saber cuándo permanecer callado y limitarse a escuchar, o para brindarle alegres palabras de aliento.

Amar es compartir lo bueno y lo malo, las esperanzas y los sueños, los momentos divertidos y los serios. Es hacer cosas juntos, pero dejando espacio para que cada uno pueda crecer como individuo.

¿Cómo sé todo esto sobre el amor? Porque ésa es la clase de amor que me has dado y la que siento por ti.

Me siento bendecida por tu amor y jamás lo daré por sentado. Voy a esforzarme por ser cada vez mejor y siempre digna de tu amor, porque te amo de verdad, como jamás he amado en la vida.

BEVERLY BRUCE

El amor que estás buscando, también está
buscándote a ti en este momento. Tu anhelo,
tus más caras fantasías de ser amado son meras
sombras de la emocionante dulzura que hace
que ese espíritu quiera amarte. Sé honesto con esa
búsqueda y mantente alerta para ver los momentos
en los que el amor se presenta ante ti. Tú eres
el único medio con el que el amor cuenta para
conquistar su opuesto; por lo tanto, eres infinitamente
valioso a los ojos de ese espíritu. Los mensajes
del amor pueden no ser claros para
los que te rodean, incluso los más allegados.
No tiene importancia: están dirigidos a ti y a nadie
más que a ti. Puedes estar seguro de eso.

DEEPAK CHOPRA

El que transita
un camino con amor
jamás lo recorrerá
solo.

C. T. DAVIS

El milagro del amor

Amar no significa que nunca más vayas a sentir
dolor o que vivirás una vida libre de preocupaciones.
No significa que jamás te sientas herido
o que tu vida ha de ser perfecta,
con cada momento pleno de felicidad.

Amar significa que siempre tendrás un compañero,
alguien que te ayude a superar los momentos difíciles
y se regocijará contigo en los momentos
de celebración. El amor significa que cada discusión
será seguida por un período de disculpa
y que cada momento de tristeza se compensará
ampliamente con todos los tiernos momentos
pasados en los brazos del otro.

Amar es ese milagro que puede tomar dos vidas
y fundirlas en una sola, tomar dos almas y unirlas
para siempre, tomar dos corazones y colmarlos
de suficiente pasión y ternura
como para que duren toda la vida.

Amar es una bendición que conducirá tu vida
por el más bello sendero.

Michele Weber

Lo que siento por ti es más que "amor"

Es imposible expresar con palabras
lo que siento por ti.
Son los sentimientos más fuertes
que jamás he tenido por nada,
pero cuando trato de contártelos
o escribirte sobre ellos,
las palabras ni siquiera llegan a rozar
la profundidad de mi sentimientos.
Aunque no pueda explicar la esencia
de tan prodigiosos sentimientos,
sí puedo decirte lo que siento
   cuando estoy contigo.
Cuando estoy contigo es
   como si fuera un pájaro
      que vuela libremente por el claro cielo azul.

Cuando estoy contigo
  soy como una flor
    que abre sus pétalos a la vida.
Cuando estoy contigo es
  como si me convirtiera en las olas del océano
    que rompen en la orilla.
Cuando estoy contigo es
  como si fuera el arco iris después de la tormenta
    que exhibe orgulloso sus colores.
Cuando estoy contigo es
  como si todo lo bello
    nos rodeara.
Esto es apenas una pequeña parte
de lo maravillosamente bien
que me siento cuando estoy contigo
Tal vez la palabra "amor" haya sido inventada para explicar
los profundos y abarcadores sentimientos
  que tengo por ti,
pero, por alguna razón, no es lo suficientemente fuerte.
Ya que es la mejor palabra que existe,
déjame decirte mil veces que
lo que siento por ti
es más que "amor"

                        Susan Polis Schutz

AGRADECIMIENTOS

Agradecemos la autorización que nos facilitaron los siguientes autores, editores y representantes de los autores para reproducir poemas o extractos de sus publicaciones.

Las citas de las Sagradas Escrituras de esta publicación provienen de la Biblia de la Nueva Versión del rey Jaime. Copyright © 1979, 1980 y 1982 de Thomas Nelson, Inc. Todos los derechos reservados. Reproducidos con autorización.

Villard Books, una división de Random House, Inc., por "Nada vence al amor...", de El amor puede ser un puente, de Naomi Judd en colaboración con Bud Schaetzle. Copyright © 1993 de Naomi Judd. Todos los derechos reservados. Reproducido con autorización.

Jennifer Brooks, por "Cuando amas a alguien...". Copyright © 1999 de Jennifer Brooks. Todos los derechos reservados. Reproducido con autorización.

Linda Bray, por "Sé mi amigo, mi socio, mi amor...". Copyright © 1999 de Linda Bray. Todos los derechos reservados. Reproducido con autorización.

Crown Publishers, Inc, por "El amor que estás buscando...", de The path to love, de Deepak Chopra. Copyright © 1997 del Dr. Deepak Chopra. Todos los derechos reservados. Reproducido con autorización.

Se ha realizado un cuidadoso esfuerzo por buscar la autoría de poemas y extractos utilizados en esta antología y así obtener la autorización necesaria para reproducir material con copyright y otorgarles el debido crédito a los titulares del mismo. Si se ha cometido algún error u omisión, ha sido totalmente involuntario, y nos agradaría realizar las correcciones pertinentes en futuras ediciones, con la condición de que se envíe notificación por escrito al editor original: Blue Mountain Press, Inc., P.O. Box 4549, Boulder, Colorado 80306, EE.UU.